爸爸的室友

Daddy's Roommate

麥可・威爾霍特

Michael Willhoite

獻給我的父親

爸爸跟媽媽去年離婚了。

爸爸家裡搬來另外一個人。

拓展孩子視野，認識民主可貴

蘇芊玲｜臺灣性別平等教育協會創會理事長、現任監事

很多年前，教科書中的性別議題開始受到注意，檢視結果發現，其中呈現的，絕大多數為「一夫一妻一子一女」的家庭型態。針對這一點，有些人提出「實然」和「應然」的問題。所謂實然，就是在實際生活中存在的；而應然，則是人們期待或想像的。顯然，一夫一妻一子一女的家庭型態屬於「應然」。

教科書若只呈現應然面，最大的問題，就是它排除了（exclude）許多人，讓家庭情況有別於教科書的學生覺得自己沒有被看見、被含括（include）。讀多了這樣的教科書，孩子既找不到自己，也無從建立認同。即使是那些剛好生長在一夫一妻一子一女家庭的孩子，視野也無從拓展，看不到其他與自己不一樣的人。

近幾年，教科書雖多少有了一些改善，卻還是不夠多元、豐富，譬如，同性婚姻／家庭的題材仍然欠缺。在這種情況下，這一本《爸爸的室友》正好彌補了教科書的不足。

《爸爸的室友》所描述的關係和家庭樣貌，或許現在已經有一些小朋友來自這樣由兩個爸爸或兩個媽媽所組成的家庭，而不久的將來，臺灣同性婚姻合法之後，類似的家庭只會更多。**我們確實需要增益更多閱讀素材，協助小孩更加認識自己、他人與世界。**

關於什麼是同志，同性戀的愛是怎麼一回事，《爸爸的室友》已經說得很清楚。**家長或老師在選讀這本書的時候，更重要的，或許是回應小孩可能提出的種種問題，**譬如，他／她們可能會問：爸爸媽媽為什麼要離婚？離婚之後小孩怎麼辦？敏銳的孩子或許會疑惑：爸爸以前喜歡女生，為什麼現在變成喜歡男生了？或者，因為父

母離異而產生不安全感的孩子，可能會擔心，將來爸爸跟法蘭克會不會也分手？

結婚的人為什麼會離婚？或許可以**舉生活中的一些例子做說明**，人的喜好是可能隨著年紀或環境而改變的，譬如有一天小朋友不再喜歡原本喜歡的食物或玩具，同樣的，大人原本喜歡的人也可能會改變。這並不是對錯的問題，只要好好處理、做好安排就可以。同志的議題當然更複雜一些，可以跟小朋友解釋，因為社會還有很多人不了解同志，有些同志因為擔心害怕，不敢跟自己最喜歡的人結婚，後來慢慢變得勇敢，才重新做決定。

而**無論跟孩子談什麼，最重要的是讓他／她們知道「愛和選擇的權利」**。每個人可以基於愛，去選擇自己最喜歡的人、最適合自己的生活方式，這是經過許多人的辛苦爭取，建立了民主社會之後，人們才享有的權利，也是最值得珍惜的一點。

這是一本簡單溫暖，可以讓孩子拓展視野，也認識民主可貴的書。

聆聽他人，彷彿聆聽自己孩子的聲音

宋宜真｜資深編輯，資深基督徒，資淺媽媽

兒子從三歲多開始，就表達了他對穿裙子、擦指甲油的興趣。四歲多時，有幾次明確告訴我他想當女生。他想當新娘子，想在頭上戴花，想穿得漂漂亮亮。「但是我是男生，不能漂亮。」這是他的結論。

當然，孩子尚小，對於性別的認同還在探索，對人生的願望也還會變動很多很多次。但我已經感受到身為人母的焦慮：如果孩子最終有一天，對另一半性別的選擇跟我

不一樣，我該如何調適？我該如何陪伴他探索這個陌生的領域？我又該如何鼓勵他去追求幸福人生？

只是無論我內心如何波濤洶湧，每次遇到這樣的對話，我仍堅定冷靜地告訴他，不管你想做什麼，只要沒有傷害別人，你都可以去做；而不管你選擇什麼，媽媽也都愛你。

我還沒說出口的是：「只要你幸福。」

事實上，**只要能愛人，也被人愛，就是幸福的基礎，而幸福可以展現出的樣貌也很多**。然而，這個社會對幸福家庭的預設，就只有一種模式，就是那種「有爸爸、有媽媽」的家庭。儘管這數十年來，臺灣家庭的面貌已經發生了非常大的改變。從大家庭變成小家庭，從小家庭變成單親家庭、隔代家庭，接著出現新移民家庭和偽單親家庭。但是我們對於幸福家庭的想像，仍然是由爸爸媽媽組成的異性戀家庭，其他型態的家庭，都叫做「問題家庭」。

不過，**人生本然的面貌就是充滿缺憾，就算是有爸有媽的家庭也都有缺憾。但是缺憾不等同於「問題」，更不必然會驅逐幸福。**對子女充滿愛的單親／偽單親父母，對孫子孫女充滿慈愛的祖父母，因著愛而努力克服語言和文化障礙的新移民媽媽，在這樣家庭成長的孩子，即使沒有機會享受到「全功能」家庭，卻仍有機會長得健全、活得快樂、享受幸福。

當然，愛不能當飯吃。所有的愛都需要物質、心理以及社會基礎。政府如果沒有給予足夠的福利和支持，社會如果沒有消除對於上述家庭的歧視，自己如果沒有從內在解放自己，這些家庭的愛會比一般家庭遭遇更多困難。

而這本書，就是為了這樣的困難而生的。

有一種家庭比上述的家庭都還要困難，那就是同志家庭。這樣的家庭在臺灣甚至還不獲得承認，因為法律上根本還不允許同志領養或生養小孩。然而，這樣的限制很

多時候是來自人們對幸福的狹窄定義，對幸福的家庭或人生缺乏想像，也缺乏同理。

同理最直接的方式，或許就是去設想自己的孩子也許會喜歡同性，而且有一天，也許會想和同性伴侶組成家庭、生養孩子。那麼，陪伴他們閱讀這樣的書，對他們就是一種認可，甚至是一種拯救。讓孩子知道，他們不必因為對性別的選擇脫出主流價值，就與幸福分道揚鑣。他們永遠有權利去追求自己的幸福生活，親手塑造幸福的樣貌。還有，其他跟自己不一樣的人也是。

《爸爸的室友》是1990年美國畫家麥可·威爾霍特（Michael Willhoite）出版的作品，內容非常平實，描述一個幸福家庭最普通的樣貌：一起吃飯、一起遊戲、一起聊天看電視，他們會吵架也會和好，彼此陪伴也彼此相愛。但從翻開第一頁開始，我兒子就問題不斷：「什麼是離婚？」「他們不喜歡對方了嗎？」「那妳跟爸爸呢？」「男生跟男生真的可以結婚嗎？」最後，他還發出了非常樸實又沉重的一擊：「為什麼不能跟喜歡的人結婚？為什麼要規定？」最後甚至生氣了：「不能跟喜歡的人住在一起很無聊耶！那是我的事又不是別人的事！」

這本書之所以成為近代西方世界談論相關議題時經常引用的文本，我想正是因為它在平實的內容中，觸及了非常深刻的問題：組成家庭最基本的要素是什麼？每個人都有追求幸福的權利嗎？那些說「不行」的規定，基礎究竟是什麼？

對於作為基督徒的我而言，那個基礎不會是「因為聖經這麼說」，因為真正的信仰，不會阻止人們相愛。基督「為愛而生，為愛而死」的行動，已經說明聖經經文必須脫離律法主義式的閱讀，我們也更有義務要溫柔對待周遭人們的生命經驗，尊重其他受造者對生命的追求。而作為基督徒媽媽，我願意凝視著他人，彷彿在凝視自己孩子的面容；我願意聆聽他人，彷彿在聆聽自己孩子的聲音。然後用這一切，來辯證並深化我與上帝之間的關係。

每個家庭閱讀這本書，想必都會引發不同的對話跟想法。但孩子的反應，永遠能讓父母想得更多，或許也能讓親子關係走得更遠，讓社會對異質成員能有更多理解。

23141
新北市新店區民權路108-2號9樓
大家出版 收

請沿虛線對折寄回

名爲大家，在藝術人文中，指「大師」的作品
在生活旅遊中，指「眾人」的興趣

我們藉由閱讀而得到解放，拓展對自身心智的了解，檢驗自己對是非的觀念，超越原有的侷限並向上提升，道德觀念也可能受到激發及淬鍊。閱讀能提供現實生活無法遭遇的經歷，更有趣的是，樂在其中。 ——《真的不用讀完一本書》

大家出版FB ｜ http://www.facebook.com/commonmasterpress
大家出版Blog ｜ http://blog.roodo.com/common_master

大家出版 讀者回函卡

感謝您支持大家出版！

填妥本張回函卡，除了可成為大家讀友，獲得最新出版資訊，還有機會獲得精美小禮。

購買書名 _____　　　　姓名 _____

性別 ☐ 男　☐ 女　　　　E-MAIL _____

聯絡地址 ☐☐☐ _____

年齡 ☐ 15－20歲　☐ 21－30歲　☐ 31－40歲　☐ 41－50歲　☐ 51－60歲　☐ 60歲以上

職業 ☐ 生產／製造　☐ 金融／商業　☐ 資訊／科技　☐ 傳播／廣告　☐ 軍警／公職
　　 ☐ 教育／文化　☐ 餐飲／旅遊　☐ 醫療／保健　☐ 仲介／服務　☐ 自由／家管
　　 ☐ 設計／文創　☐ 學生　　　 ☐ 其他_____

您從何處得知本書訊息？（可複選）

☐ 書店　☐ 網路　☐ 電台　☐ 電視　☐ 雜誌／報紙　☐ 廣告DM　☐ 親友推薦　☐ 書展
☐ 圖書館　☐ 其他 _____

您以何種方式購買本書？

☐ 實體書店　☐ 網路書店　☐ 學校團購　☐ 大賣場　☐ 活動展覽　☐ 其他_____

吸引您購買本書的原因是？（可複選）

☐ 書名　☐ 主題　☐ 作者　☐ 文案　☐ 贈品　☐ 裝幀設計　☐ 文宣（DM、海報、網頁）
☐ 媒體推薦（媒體名稱）_____　☐ 書店強打（書店名稱）_____
☐ 親友力推　☐ 其他 _____

本書定價您認為？

☐ 恰到好處　☐ 合理　☐ 尚可接受　☐ 可再降低些　☐ 太貴了

您喜歡閱讀的類型？（可複選）

☐ 文學小說　☐ 商業理財　☐ 藝術設計　☐ 人文史地　☐ 社會科學　☐ 自然科普
☐ 心靈勵志　☐ 醫療保健　☐ 飲食　　　☐ 生活風格　☐ 旅遊　　　☐ 語言學習

您一年平均購買幾本書？

☐ 1－5本　☐ 5－10本　☐ 11－20本　☐ 數不盡幾本

您想對這本書或大家出版說：

他叫做法蘭克，他們現在住在一起。

他們一起做家事，

一起吃飯，

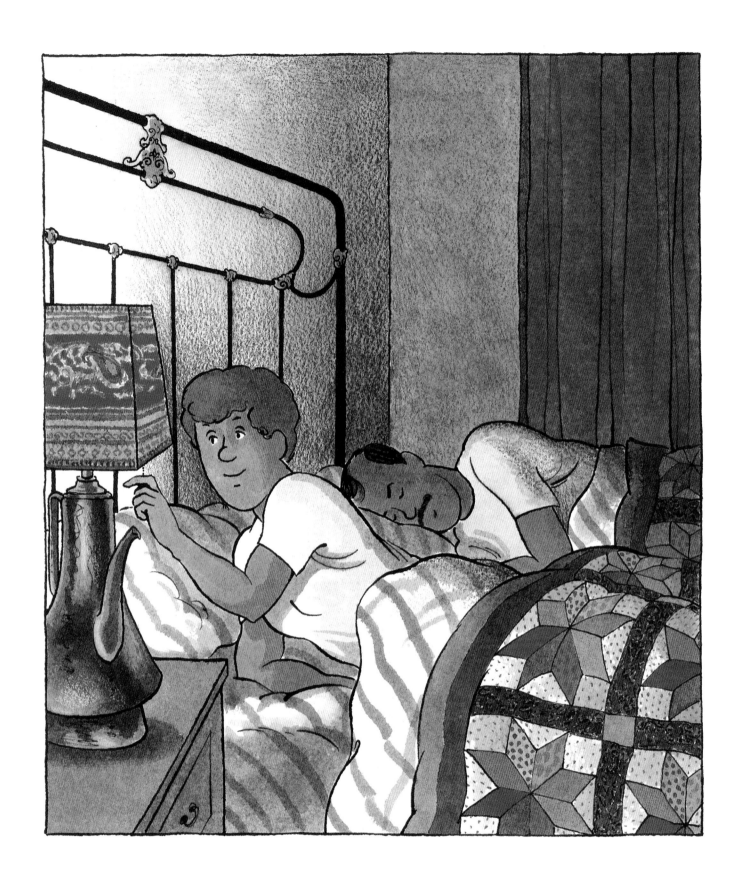

一起睡覺，

一起刮鬍子，

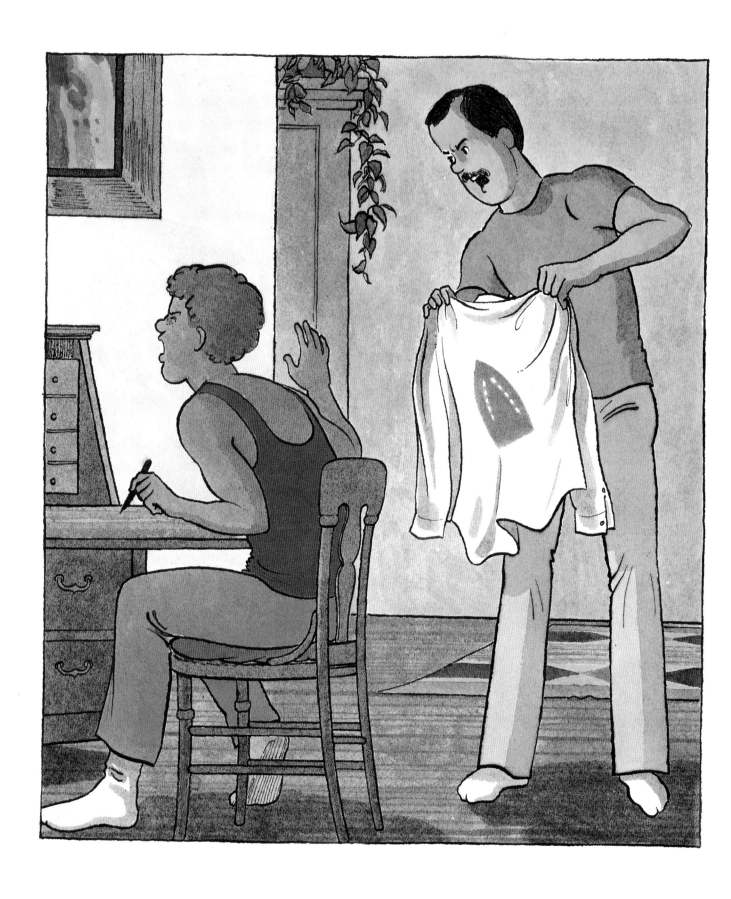

有時候也會吵架，

但是每次都會和好。

法蘭克也很喜歡我喔！

他跟爸爸一樣，會講笑話給我聽，還會陪我玩猜謎遊戲，

他會幫我抓蟲子，讓我上台跟同學分享，

他會念故事給我聽，

做超級好吃的三明治給我吃，

還會幫我趕走惡夢。

每到週末，

我們會一起做各種好玩的事情。

像是看球賽，

去動物園，

去海邊，

整理院子，

買東西，

晚上還會一起彈琴唱歌。

媽媽說爸爸跟法蘭克是同志。

我不知道那是什麼意思，所以媽媽解釋給我聽。

同志是喜歡相同性別的人，是愛的其中一種形式。

而愛，是人生最大的幸福。

爸爸跟他的室友在一起很快樂，

我也很快樂！

爸爸的室友
Daddy's Roommate

作者　麥可·威爾霍特（Michael Willhoite）

繪者　麥可·威爾霍特（Michael Willhoite）

譯者　李宓

責任編輯　李宓

美編設計　楊玉瑩

行銷企畫　陳詩韻

總編輯　賴淑玲

社長　郭重興

發行人兼出版總監　曾大福

出版者　大家出版

發行　遠足文化事業股份有限公司

231 新北市新店區民權路 108-4 號 8 樓

電話　(02)2218-1417　傳真　(02)8667-1851

劃撥帳號　19504465　戶名　遠足文化事業有限公司

法律顧問　華洋法律事務所　蘇文生律師

ISBN 978-986-95342-2-2

定價 280 元

初版 2017 年 10 月